PETITE

INSTRUCTION

CHRÉTIENNE

POUR APPRENDRE AUX ENFANTS

A LIRE

Si quelqu'un de vous manque de sagesse,
qu'il la demande à Dieu, qui donne à tous
libéralement, sans reprocher ses dons, et
la sagesse lui sera donnée : mais qu'il la
demande avec foi, sans aucun doute.
S. Jacques, *chap.* 1.

LILLE

J. LEFORT, IMPRIMEUR – LIBRAIRE

rue Charles de Muyssart.

— Lille. Typ. J. Lefort. —

— Lille. Typ. J. Lefort. —

O CRUX ! AVE.

Lille. Imp. de J. Lefort.

Celui qui ne sait point ces choses est regardé comme un ignorant.

On se moque de celui qui parle mal. Celui qui ne sait point lire est aveugle la moitié du temps. De quoi est-on capable quand on ne sait point écrire ?

Ecoutez avec respect et avec attention ceux qui vous enseignent ; ne les attristez point, ne les faites point mettre en colère.

Regardez-les comme des envoyés de Dieu, pour vous donner l'éducation, qui est nécessaire, et qui est une douce consolation des misères de la vie.

CARACTÈRES D'ÉCRITURE.

A B C D E F G H I J

K L M N O P Q R

S T U V W X Y Z

a b c d e f g h i j k l m n o

p q r s t u v w x y z œ æ

L'homme est né pour travailler, comme l'oiseau pour voler.

Celui qui ne veut point travailler, n'est point digne de manger.

Qui est oisif dans sa jeunesse travaillera dans sa vieillesse.

Vous ne savez, mon cher enfant, si votre vie sera longue ou courte.

Travaillez comme si vous deviez vivre longtemps.

Vivez comme si vous deviez mourir bientôt.

Vos parents vous ont donné la naissance ; ils ont pris bien de la peine pour vous, pendant que vous ne pouviez ni marcher ni parler.

Vos bons et chers parents vous fournissent la nourriture, le vêtement et toutes choses.

Ils espèrent présentement que vous apprendrez ce qui vous est nécessaire pendant le cours de votre vie.

Cette vie est pleine d'affaires et d'embarras, qui vous causeront de la peine, si vous ne savez bien parler, bien lire et bien écrire. On estime une personne qui sait bien parler, bien lire et bien écrire : on dit qu'elle a reçu une bonne éducation.

AVIS AUX ENFANTS.

Mon cher enfant, vous connaissez vos lettres, vous savez épeler des syllabes et des mots ; il faut maintenant apprendre à lire. Travaillez à cela avec courage, pour devenir un bon chrétien, un bon citoyen, pour savoir mettre ordre à vos affaires.

Faites usage de votre raison, et concevez que Dieu vous a créé pour le connaître, l'aimer et le servir, et par ce moyen arriver à la vie éternelle.

Il faut auparavant passer par cette vie mortelle, où vous voyez et verrez que l'on a bien de la peine.

On vous apprendra comment, depuis le péché originel, Dieu a condamné tous les hommes au travail.

Celui qui ne travaille point, et qui ne veut point travailler, ne sert point Dieu et ne l'aime point, car une telle paresse est un péché mortel.

derez votre sainte grace en ce monde, et votre gloire en l'autre.

Acte d'Adoration.

MON Dieu, je vous adore et reconnais que vous êtes le Maître souverain et Seigneur de toutes choses, et que je ne suis rien devant vous.

Acte de Contrition.

MON Dieu, je suis triste et marri de vous avoir offensé, parce que vous êtes infiniment bon, et que le péché vous déplaît; je fais un ferme propos, moyennant votre sainte grace, de ne plus pécher et de faire pénitence.

Les Sacrements.

Il y en a sept : le Baptême, la Confirmation, la Pénitence, l'Eucharistie, l'Extrême-Onction, l'Ordre et le Mariage.

Les Vertus théologales.

Il y en a trois : la Foi, l'Espérance et la Charité.

Les Vertus cardinales.

Il y en a quatre : la Prudence, la Force, la Justice et la Tempérance.

Oraison.

DIEU tout-puissant et éternel, qui, par la coopération du Saint-Esprit, avez préparé le corps et l'âme de la glorieuse Vierge Marie, pour en faire une demeure digne de votre Fils, accordez-nous la grace, pendant que nous en célébrons la mémoire avec joie, d'être délivrés, par son intercession, des maux présents et de la mort éternelle. Par Notre-Seigneur Jésus-Christ.

Ainsi soit-il.

ACTES DES VERTUS CHRÉTIENNES.

Acte d'Amour.

MON Dieu, je vous aime de tout mon cœur, parce que vous êtes infiniment bon; et j'aime mon prochain comme moi-même pour l'amour de vous.

Acte de Foi.

MON Dieu, je crois fermement tout ce que vous avez dit et révélé à votre Église, parce que vous êtes la vérité même, et que vous ne pouvez ni être trompé ni me tromper.

Acte d'Espérance.

J'ESPÈRE, mon Dieu, que par votre miséricorde infinie vous m'accor-

corps : conservez votre grâce dans nos âmes, afin que nous puissions vous voir, vous louer et vous aimer toute l'éternité.

Que les Fidèles reposent en paix, par la miséricorde de Dieu. Ainsi soit-il.

Prière quand on se couche.

QUE le Seigneur tout-puissant et tout miséricordieux nous bénisse et nous conserve, en nous accordant une nuit tranquille et une heureuse fin. Ainsi soit-il.

Antienne à la sainte Vierge.

NOUS vous saluons, ô Reine, Mère de miséricorde ! Notre vie, notre douceur et notre espérance, nous vous saluons. Nous élevons nos voix vers vous, comme des exilés et des malheureux enfants d'Eve. Nous portons vers vous nos soupirs et nos gémissements dans cette vallée de larmes. Soyez donc notre Avocate, et jetez sur nous des regards de miséricorde. Et, après l'exil de cette vie, montrez-nous Jésus, ce fruit béni de votre sein, ô Vierge Marie ! remplie de tendresse et de bonté pour les hommes !

Prière quand on se lève.

JE me lève au Nom de Notre-Seigneur Jésus-Christ, qui a été crucifié pour moi : bénissez-moi en ce jour, ô mon Dieu, et conduisez-moi à la vie éternelle.

Prière à l'Ange gardien.

ANGE de Dieu, préposé pour ma garde par la bonté divine, prenez soin de m'éclairer, de me conduire et de me défendre pendant ce jour.

Ainsi soit-il.

Quand l'heure sonne.

DAIGNEZ, Seigneur, répandre à toute heure votre miséricorde sur nous, suivant l'espérance que nous avons mise en vous. Ainsi soit-il.

Bénédiction de la table.

BÉNISSEZ-NOUS, Seigneur, et ce que vous nous donnez pour nourriture de nos corps : faites-nous la grâce d'en user sobrement. Au nom du Père, et du Fils, et du Saint-Esprit.

Ainsi soit-il.

Action de grâces après le repas.

SEIGNEUR Dieu, nous vous remercions de ce qu'il vous a plu nous donner pour la nourriture de nos

La Confession des péchés.

JE confesse à Dieu tout-puissant, à la bienheureuse Marie toujours vierge, à saint Michel archange, à saint Jean-Baptiste, aux apôtres saint Pierre et saint Paul, à tous les Saints, et à vous, mon Père, que j'ai beaucoup péché, en pensées, en paroles et actions; par ma faute, par ma faute, par ma très-grande faute. C'est pourquoi je supplie la bienheureuse Marie toujours Vierge, saint Michel archange, saint Jean-Baptiste, les apôtres saint Pierre et saint Paul, tous les Saints, et vous, mon Père, de prier pour moi le Seigneur notre Dieu.

Prière

QUE le Seigneur tout-puissant nous fasse miséricorde, et que, après nous avoir pardonné nos péchés, il nous conduise à la vie éternelle.

Ainsi soit-il.

Prière en s'éveillant.

FAITES, ô mon Dieu, que mes yeux ne s'ouvrent que pour me donner à vous, et que toutes mes actions de la journée soient dignes de vous.

Les Dimanches tu garderas, en servant Dieu dévotement.

Tes père et mère honoreras, afin de vivre longuement.

Homicide point ne seras, de fait ni volontairement.

Luxurieux point ne seras, de corps ni de consentement.

Les biens d'autrui tu ne prendras, ni retiendras sciemment.

Faux témoignage tu ne diras, ni mentiras aucunement.

La femme ne convoiteras, de ton prochain charnellement.

Ses biens tu ne désireras, pour les avoir injustement

Les Commandements de l'Eglise.

Les Dimanches Messe ouïras, et Fêtes de commandement.

Tous tes péchés confesseras, à tout le moins une fois l'an.

Ton Créateur tu recevras, au moins à Pâques humblement.

Les Fêtes tu sanctifieras, en servant Dieu dévotement.

Quatre-Temps, vigiles, jeûneras, et le Carême entièrement.

Vendredi chair ne mangeras, ni le Samedi mêmement.

Le Symbole des Apôtres.

Je crois en Dieu le Père tout-puissant, Créateur du Ciel et de la Terre ;

Et en Jésus – Christ son Fils unique, Notre-Seigneur ;

Qui a été conçu du Saint-Esprit, Est né de la Vierge Marie.

Qui a souffert sous Ponce - Pilate ; a été crucifié, est mort et a été enseveli.

Est descendu aux enfers ; le troisième jour est ressuscité d'entre les morts ;

Est monté aux Cieux, est assis à la droite de Dieu le Père tout-puissant ;

D'où il viendra juger les vivants et les morts.

Je crois au Saint-Esprit ;

La sainte Église catholique,

La communion des saints,

La rémission des péchés,

La résurrection de la chair,

La vie éternelle.

Ainsi soit - il.

Les Commandements de Dieu.

Un seul Dieu tu adoreras, et aimeras parfaitement.

Dieu en vain tu ne jureras, ni autre chose pareillement

L'Oraison dominicale.

NOTRE Père, qui êtes aux Cieux, que votre Nom soit sanctifié, que votre règne arrive, que votre volonté soit faite sur la terre comme dans le ciel. Donnez - nous aujour - d'hui notre pain quotidien ; et pardonnez - nous nos offenses, comme nous pardonnons à ceux qui nous ont offensés. Et ne nous laissez pas succomber à la tentation ; mais délivrez-nous du mal. Ainsi soit-il.

La Salutation angélique.

JE vous salue, Marie, pleine de grâce ; le Seigneur est avec vous ; vous êtes bénie entre toutes les femmes, et Jésus, le fruit de vos entrailles, est béni.

Sainte Marie, Mère de Dieu, priez pour nous, pauvres pécheurs, maintenant et à l'heure de notre mort.

Ainsi soit-il.

ab	eb	ib	ob	ub	au	eu	iu	ou	uu
ac	ec	ic	oc	uc	ax	ex	ix	ox	ux
ad	ed	id	od	ud					
af	ef	if	of	uf	I	II	III	IV	V
ag	eg	ig	og	ug	VI	VII	VIII	IX	
al	el	il	ol	ul	X	1	2	3	4	5
am	em	im	om	um	6	7	8	9	0
ap	ep	ip	op	up	un, deux, trois,				
ar	er	ir	or	ur	quatre, cinq,				
as	es	is	os	us	six, sept, huit,				
at	et	it	ot	ut	neuf, zéro.				

a b c d e f g h
i j k l m n o p q
r s t u v w x y z
fi ffi fl ffl æ œ.

A B C D E F G
H I J K L M N
O P Q R S T U V
W X Y Z Æ OE.

A	e	i	o	u		na	ne	ni	no	nu
ba	be	bi	bo	bu		oa	oe	oi	oo	ou
ca	ce	ci	co	cu		pa	pe	pi	po	pu
da	de	di	do	du		qua	que	qui	quo	quu
ea	ee	ei	eo	eu		ra	re	ri	ro	ru
fa	fe	fi	fo	fu		sa	se	si	so	su
ga	ge	gi	go	gu		ta	te	ti	to	tu
ha	he	hi	ho	hu		va	ve	vi	vo	vu
ja	je	ji	jo	ju		xa	xe	xi	xo	xu
le	le	li	lo	lu		ya	ye	yi	yo	yu
ma	me	mi	mo	mu		za	ze	zi	zo	zu

| N. navire. | O. Oiseaux. | P. postillon. |

| Q. quachi. | R. ruche. | S. soleil. |

| T. tour. | U. urne. | V. vendange. |

| X. xuta. | Y. yacht. | Z. zagu. |

A. ange. **B. berger.** **C. calice.**

D. daim. **E. enfants.** **F. fleur.**

 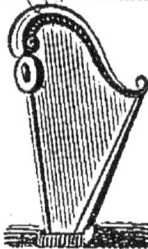  

G. gerbe. **H. harpe.** **I. île.** **J. jardinier.**

K. kiosque. **L. labour.** **M. Mouton.**

(C.)